Rennschwein Rudi Rüssel

Ein Leseprojekt
zu dem
gleichnamigen Roman
von Uwe Timm

erarbeitet von
Dorit Kock-Engelking
und
Jochen Lewin

Illustrationen
von
Ulrike Selders

Cornelsen

Inhaltsverzeichnis

Kapitel 1

Wir haben zu Hause ein Schwein. Ich meine damit nicht meine kleine Schwester, sondern ein richtiges Schwein. Es hört auf den Namen Rudi Rüssel. Wie wir zu dem Schwein gekommen sind? Das ist eine lange Geschichte.

Vor zwei Jahren mussten wir wieder einmal mit unseren Eltern einen Ausflug machen. Wir, das sind meine beiden Schwestern und ich. Betti ist ein Jahr jünger als ich. Zuppi ist jetzt gerade sechs Jahre alt. Ich heiße übrigens Tobi.

Unsere Mutter ist Lehrerin, unser Vater hat gerade keine Arbeit. Das heißt: Er arbeitet jeden Tag zu Hause. Er macht den Haushalt und schreibt an schwierigen Aufsätzen über Ägypten. Dort gab es früher seltsame Schriftzeichen. Sie heißen Hieroglyphen und bestehen aus kleinen Figuren, Vögeln, Balken und Schlangen. Papa versucht, sie zu übersetzen. Aber eigentlich will das niemand lesen. Zumindest gibt ihm niemand Geld dafür.

Also, wir fuhren damals in die Lüneburger Heide zum Wandern. Wir Kinder hatten schon bald keine Lust mehr zu laufen. Außerdem taten uns die Füße weh. So machten wir in einem kleinen Dorf Rast.

Dort feierte die freiwillige Feuerwehr gerade laut ihr 50-jähriges Jubiläum. Auf dem Fest aßen wir ein paar Bratwürstchen. Schließlich kam ein Mann mit einem großen Korb voller Lose. Papa kaufte jedem ein Los. Aber wir alle zogen Nieten, nur Zuppi hatte eine Zahl gezogen. Zuppi ging mit dem Los nach vorn, wo die Preise verteilt wurden.

„Nummer 33!“, rief der Mann. „Hier ist die Gewinnerin unseres Hauptpreises! Sie heißt Zuppi und geht noch in den Kindergarten!“ Und der Hauptgewinn war: ein kleines Ferkel.

Zuppi schleppte es ganz stolz zu unserem Tisch. Das Ferkel war sehr niedlich. Es war ganz sauber

und hatte lustige, neugierige Augen. Natürlich wussten wir nicht, was wir mit dem Ferkel tun sollten, schließlich wohnen wir mitten in Hamburg.

Papa wollte es gleich wieder zurückgeben. Aber Zuppi sagte entschieden: „Nein, ich habe das Schwein gewonnen. Es gehört mir!“

Zuppi quengelte so lange, bis Papa nachgab. Aber wir mussten es noch den ganzen Weg bis zum Auto schleppen. Auch ein kleines Schwein ist ganz schön schwer.

Auf der Fahrt nahm Mama das Tier auf den Schoß. Plötzlich schrie sie: „Das Schwein hat mir aufs Kleid gepinkelt!“

„Jetzt reicht’s“, schimpfte Papa. „Beim nächsten Bauernhof geben wir es wieder ab.“

Aber Zuppi begann zu schreien. Sie kann so laut schreien, dass man sich die Ohren zuhalten muss. Schließlich konnte Mama Papa überreden: „Lass ihr das Schwein wenigstens ein paar Tage.“

Papa war zwar nicht zufrieden, aber er gab nach. „Also gut! Du darfst das Schwein drei Tage behalten. Aber dann muss es weg. Was sollen denn die Leute im Haus denken!“

Fortsetzung folgt

1. Schreibe auf, welche Personen zu der Familie gehören!

- Mama
- Papa
- Zuppi
- Tobi
- Bette

2. Tobis Vater beschäftigt sich in seinem Beruf mit dem Land Ägypten. Ägypten liegt in Nordafrika. Seine Hauptstadt heißt Kairo und ist von unserer Hauptstadt Berlin 2900 km entfernt.
Unten siehst du einige der Hieroglyphen, der alten ägyptischen Schriftzeichen.

a) Sieh dir das Wort genau an!
Es heißt übersetzt „Schwein“.

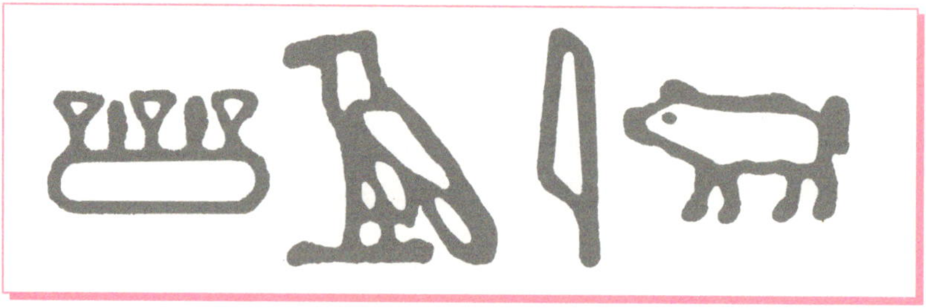

b) Zeichne zwei der Hieroglyphen in den Rahmen!

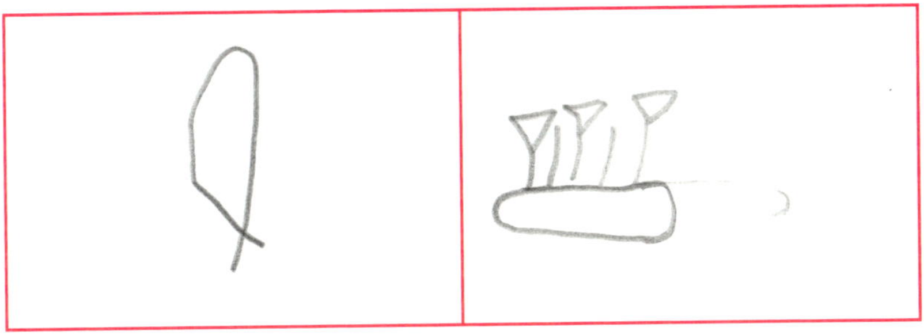

3. In welcher Stadt lebt die Familie? Unterstreiche die Stadt in der Karte!

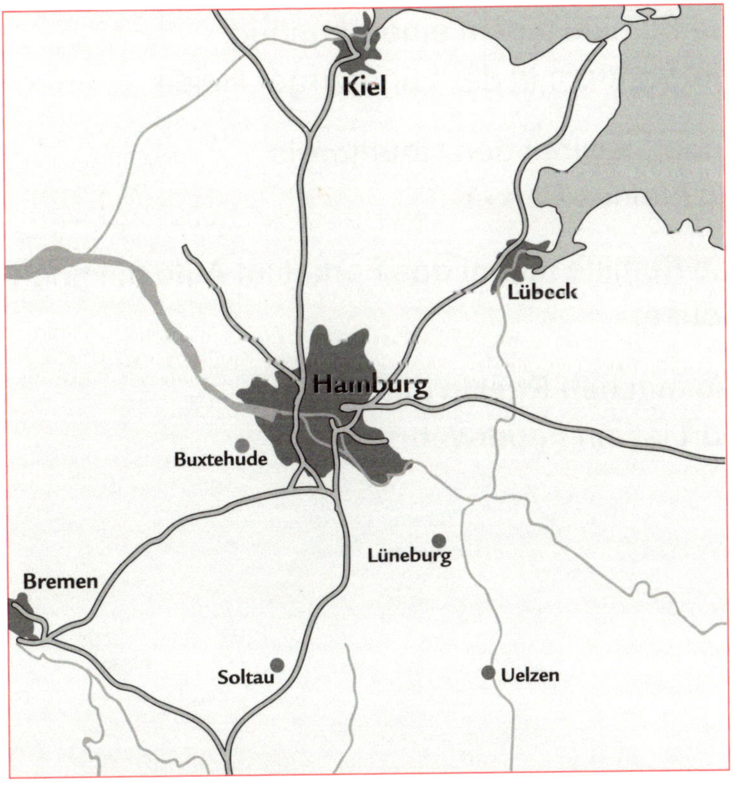

4. Die Familie macht einen Ausflug in die Lüneburger Heide. Suche dieses Gebiet in deinem Atlas. Male es mit einem Buntstift in der Karte auf Seite 7 aus!

5. Wie kam Rudi Rüssel zur Familie? Nummeriere die Sätze in der richtigen Reihenfolge und schreibe sie in dein Heft!

[3] Papa kauft für alle bei einer Tombola Lose.

[1] Die Familie macht einen Ausflug. Sie wandern in der Lüneburger Heide.

[4] Zuppi gewinnt den Hauptpreis: ein kleines Ferkel.

[5] Die Familie nimmt das Ferkel im Auto mit nach Hause.

[2] Sie machen Rast in einem Dorf. Dort ist ein Feuerwehrfest.

Kapitel 2

Wo bringt man in einer Stadtwohnung ein Schwein unter? Wir wohnen in unserem Haus ganz unten. Hinter dem Haus ist ein kleiner Garten. Aber dort gab es keinen Stall. Also musste das Schwein in unsere Wohnung.

Dort lief es zunächst durch alle Zimmer und in der Küche räumte es gleich einige Schränke aus. „So ein lebhaftes Schwein!“, schimpfte Mama. Wir suchten einen Platz für das Schwein, an dem es schlafen konnte.

Zuppi wollte das Schwein mit ins Bett nehmen. Aber das kam gar nicht in Frage, fand Papa. Also musste das Schwein ins Badezimmer. Zuppi nannte es Rudi.

Am nächsten Morgen hatte Rudi eine Cremedose von Mama leer gefressen. Jetzt war auch Mama wütend. Zuppi hatte Angst um Rudi. Sie wollte ihn sogar zum Arzt bringen, aber Papa war dagegen. „Das ist zu teuer! Außerdem sind Schweine Allesfresser“, sagte er. „Die vertragen auch Creme.“

Wir Kinder wollten am liebsten gar nicht in die Schule. Wir hatten Angst, dass Papa Rudi inzwischen wegbringen könnte. Aber Papa hatte uns versprochen, dass Rudi drei Tage bleiben durfte. Und wenn Papa etwas versprach, dann hielt er es auch.

Am Nachmittag begann ich, aus leeren Holzkisten einen kleinen Stall für Rudi zu bauen. Als ich fast fertig war, kam Papa. „Der sieht aber sehr klapperig aus. Und auf das Dach musst du Teerpappe nageln, sonst regnet es ja rein.“

Papa ging zurück ins Haus. Bald kam er aber wieder heraus und half mir, das Dach gegen Regen zu schützen. Außerdem verbesserte er noch die Wände. Er hatte großen Spaß dabei.

Einen ganzen Tag baute er an Rudis Stall. Jetzt wussten wir, dass auch Papa Rudi behalten wollte.

Zum Schluss schnitzte er aus Holz noch zwei kleine Pferdeköpfe. Die sollten das Dach verzieren. Aber Papa schnitt sich dabei in den Finger, daher dauerte es noch einige Tage, bis der Stall ganz fertig war. Es war der schönste Schweinestall Deutschlands, wie wir fanden.

Schweine wachsen erstaunlich schnell, besonders wenn sie gut gefüttert werden. Rudi durfte mit in der Küche essen. In seinen Napf kamen die Reste von unserem Essen. So brauchten wir nichts mehr wegzuschmeißen.

Rudi fraß einfach alles, natürlich auch Schokolade. Nur Papa schimpfte, wenn er es sah.

Rudi war auch stubenrein. Schweine sind nämlich eigentlich sehr saubere Tiere. Sie sind nur dreckig, wenn man sie in kleinen Ställen hält. In unserem Garten hatte Rudi aber genug Platz, sodass er sich bei uns sehr schnell einleben konnte.

Fortsetzung folgt

1. Zuppi nennt ihr Schwein Rudi Rüssel.

Rudi Rüssel

**Wie hättest du das Ferkel genannt?
Denke dir einige witzige Namen aus
und schreibe sie auf!**

Rolli
Polli
Pupi
Kiki
Dicki
Bauli

2. Vervollständige das Bild. Male Rudi im „schönsten Schweinestall Deutschlands“!

3. a) Lies den folgenden Text!

Das Hausschwein stammt vom Wildschwein ab. Schon ungefähr 8000 Jahre vor Christi Geburt haben Menschen begonnen, Wildschweine als Haustiere zu halten.

Es gibt viele unterschiedliche Rassen von Schweinen. Ihre Haut hat kurze, kräftige Haare (Borsten). Ihre Färbung ist rosig, rot, braun, grau, schwarz oder gefleckt. Das Vatertier heißt Eber, das Muttertier Sau und die Jungen nennt man Ferkel. Die Sau bringt zweimal im Jahr zehn bis zwölf Ferkel zur Welt und säugt sie.

Schweine werden in Ställen gehalten. Sie sind Allesfresser. Sie fressen zum Beispiel Rüben, Grünfutter, Küchenabfälle, Magermilch, Schrot, aber auch Würmer, Käfer oder Schnecken.

b) Trage nun die Antworten auf die Fragen in das Kreuzworträtsel auf Seite 15 ein! Wie heißt das Lösungswort?

1. Von welchem Tier stammt das Hausschwein ab?
2. Wie nennt man die Haare der Schweine?
3. Wie nennt man das männliche Schwein?
4. Wie nennt man das weibliche Schwein?
5. Wie nennt man ein junges Schwein?
6. Wo werden Schweine normalerweise gehalten? Sie leben in …
7. Weil sie fast alles fressen, nennt man Schweine …
8. Wie oft bekommen Sauen Junge? Zweimal pro …

7. ALLESFRESSER
6. STÄLLEN
4. SAU
G
3. EBER
2. BORSTEN
1. WILDSCHWEIN
5. FERKEL
8. JAHR

Lösung:

Das Schwein ist ein SÄUGETIER

Kapitel 3

Manchmal schimpfte Papa, wenn Rudi wild durch die Wohnung tobte. Doch dann wurde Rudi über Nacht zum Helden. Von da an war auch Papa von Rudi begeistert.

Die ganze Sache kam so:

Unsere Eltern waren zu einer Einladung nach Berlin gefahren, sodass wir Kinder an diesem Abend allein waren. Ausnahmsweise durfte Rudi in der

Wohnung bleiben. Dafür sollten wir nicht so lange fernsehen.

Wir lagen im Wohnzimmer und lasen. Plötzlich kam Rudi ins Zimmer geschossen. Er lief hin und her und quiekte pausenlos.

„Ich glaube, mein Schwein pfeift“, sagte Zuppi.

„Was hat er denn bloß?“, fragte Betti.

Es schien so, als wollte er uns irgendetwas zeigen.

Also gingen wir mit in den Flur. Da hörten wir ein Kratzen an der Tür. Irgendjemand schraubte an unserem Türschloss herum. Plötzlich gab es einen Ruck und die Tür ging auf. Aber nur einen Spalt. Denn wir hatten zum Glück die Türkette vorgelegt. Wir wagten nicht, uns zu rühren. Da erschien eine Hand. Sie tastete nach der Kette. Schließlich verschwand die Hand wieder. Sie kam aber gleich darauf mit einem Schraubenzieher zurück. Die Person wollte die Kette abschrauben.

Wir standen wie versteinert da. Aber plötzlich raste Rudi zur Tür und biss fest in die Hand. Schweine haben sehr kräftige, spitze Zähne.

Der Einbrecher schrie so laut, dass das ganze Haus wach wurde. Irgendjemand hatte gleich die Polizei angerufen. Erst als zwei Polizisten vor der Tür standen, öffneten wir die Tür.

„Vorsicht! Ein tollwütiges Schwein!“, rief der eine.

Aber Zuppi stellte sich sofort vor Rudi. „Halt! Rudi ist doch unser Hausschwein. Er hat den Einbrecher vertrieben!“

Langsam wurde den Leuten klar, was passiert war. Die Polizisten machten sich auf die Suche nach dem Einbrecher. Sie fanden ihn noch im Vorgarten.

„Ich bin doch gar nicht im Haus gewesen“, behauptete er.

„Und was wollten Sie hinter diesem Busch?“

„Nun, ich musste halt mal“, sagte er.

Der Polizist fragte, ob wir den Mann wieder erkennen würden.

Betti sagte: „Wir haben nur seine Hand gesehen. Aber die muss bluten, denn Rudi hat ihn gebissen.“

Der Einbrecher musste seine Hände zeigen. An einer hatte er eine tiefe, blutende Wunde. Also wurde der Mann festgenommen.

Als unsere Eltern nach Hause kamen, konnten sie uns kaum glauben. Aber sie waren sehr froh und sie waren sehr stolz auf Rudi, auch Papa.

Am nächsten Morgen kam jemand von der Zeitung. Wir mussten alles genau erzählen. Dann machte der Mann noch viele Fotos, vor allem von Rudi. Am nächsten Tag stand in der Zeitung: „Schwein beißt Einbrecher!“

In der Schule hatten alle die Zeitung gelesen. Sie fragten uns Löcher in den Bauch: Wie ist das mit einem Schwein als Haustier? Stinkt das Schwein nicht fürchterlich? Sind Schweine nicht dreckig? Und so weiter.

Von diesem Tag an wusste fast jeder, dass wir ein Schwein haben.

Fortsetzung folgt

1. **Ein Reporter hat einen Artikel über den Einbruch geschrieben. Leider wurde der Artikel aus Versehen zerrissen. Verbinde die zusammengehörigen Satzteile mit einem Strich!**

Die drei Kinder waren allein zu Hause, da begann Rudi … 1	… die Tür aufzubrechen. 2
Nun bemerkten die Kinder, dass jemand versuchte, … 2	… an der Bisswunde in der Hand. 5
Die Kinder waren starr vor Schreck, aber Rudi biss dem Einbrecher … 3	1 … aufgeregt zu quieken.
Der Einbrecher schrie so laut, dass alle im Haus wach wurden … 4	… fest in die Hand. 3
Diese fanden den Einbrecher im Garten und erkannten ihn … 5	4 … und jemand die Polizei rief.

2. In der Schule unterhalten sich Tobi und Gabi über Rudi.
Übe mit einem Partner, das Gespräch flüssig und mit Betonung vorzulesen!

Gabi: „Hallo Tobi! Ich habe in der Zeitung von eurem Schwein gelesen. Toll, wie es den Einbrecher vertrieben hat. Aber ich finde es doch ziemlich ekelhaft, mit einem Schwein zusammen zu leben! Igitt!"

Tobi: „Was heißt hier ‚Igitt'? Unser Rudi ist ein sauberes Tier und überhaupt nicht ekelhaft!"

Gabi: „Als ob es saubere Schweine gäbe! Das weiß doch jeder, dass sich Schweine am liebsten im Dreck wälzen und furchtbar stinken!"

Tobi: „Du hast ja keine Ahnung! Schweine sind nur dann dreckig und stinken, wenn sie in engen, dreckigen Ställen gehalten werden!"

Gabi: „Haha! Wahrscheinlich nimmst du dieses Schwein mit in die Badewanne. Irgendwie riecht es hier auch so komisch …!"

Tobi: „Stimmt, hier stinkt's. Hast du immer noch dasselbe Parfüm? Ich muss jetzt gehen, ich will … Rudi mit meiner Zahnbürste die Zähne putzen. Tschüss!"

3. Stell dir vor, du gehst mit Tobi in eine Klasse. Auch in der nächsten Pause redet ihr noch über die Geschichte mit Rudi. Überlege dir mit einem Partner oder einer Partnerin ein Gespräch und spiele es als Rollenspiel!

Kapitel 4

Von dem Tag an fand es auch Papa ganz prima, ein Schwein zu haben. Es war wie ein Wachhund und vertrieb sogar Hunde aus unserem Garten. Außerdem fraß es auch noch unsere Essensreste.

Leider hatte aber auch Herr Buselmeier die Zeitung gelesen. Herrn Buselmeier gehört das Haus, in dem wir wohnen. Einen Tag später klingelte er an unserer Tür.

„Sie halten also ein Schwein in Ihrer Wohnung!“, schimpfte er gleich los.

„Nein, es ist vor allem im Garten“, beruhigte ihn meine Mutter. Herr Buselmeier war aber gar nicht beruhigt.

„Sie können doch in der Stadt kein Schwein halten! Wenn das jeder täte!“

„Es tut aber nicht jeder“, warf ich ein.

„Das wäre ja auch noch schöner!“, schrie er. „Das Schwein muss verschwinden!“

„Im Mietvertrag steht, dass wir Haustiere halten dürfen“, erinnerte ihn mein Vater.

„Ein Schwein ist doch kein Haustier.“

„Unser Schwein schon!“, widersprach Zuppi.

„Aber mein Haus ist kein Schweinestall. Auf jeden Fall muss das Schwein verschwinden!“

Damit verließ uns Herr Buselmeier. Wir alle waren traurig, vor allem Zuppi. Entweder musste Rudi weg, oder wir mussten umziehen. Aber wo gibt es schon eine Wohnung für fünf Personen und ein Schwein?

Am nächsten Wochenende fuhren wir mit Rudi aufs Land. Wir wollten einen schönen Bauernhof für ihn suchen. Er sollte es wenigstens gut haben. Auf dem ersten Bauernhof hatten sie gar keine Schweine, sondern nur Hühner. Und die saßen in Käfigen eng beieinander. Sie sahen sehr unglücklich aus.

Ein anderer Bauer besaß zwar Schweine, aber die hatten es auch nicht viel besser als die Hühner.

Schließlich fanden wir einen kleinen Bauernhof. Vor dem Haus pickten ein paar Hühner. Ein Hund begrüßte uns mit Gebell. Der Hof gehörte dem Bauern Voß. Er war schon ziemlich alt und ging ganz krumm. Vater erklärte ihm, was wir wollten.

Bauer Voß sah sich erst Rudi an, dann Zuppi. Dann sagte er: „Gut, das Schwein kann bleiben.“

Zuppi machte vor Freude einen Luftsprung. Auf diesem Bauernhof würde es Rudi ganz bestimmt gefallen.

Wir ließen Rudi aus dem Auto. Er lief gleich aufgeregt herum.

„Das ist ja ein richtiger Läufer“, stellte Bauer Voß fest. Er sagte, es gebe Stall- und Weideschweine. Stallschweine bewegen sich wenig. Deshalb werden sie auch schnell schwer und fett. Man kann sie leicht im Stall halten.

Aber Weideschweine brauchen freien Auslauf. In ihnen steckt eben noch ein wenig vom Wildschwein.

Rudi rannte gerade mit dem Hund um die Wette.

Bauer Voß sagte noch mal: „Ja, er ist ein richtiger Läufer.“

Rudi schien sich wirklich wohl zu fühlen. Wir stiegen ins Auto und fuhren ab. Rudi ließ die Ohren hängen und sah uns nach. Er konnte richtig traurig gucken.

Zuppi begann zu weinen. „Nun sei nicht traurig“, sagte Mama, „er hat es da bestimmt gut. Wir kommen ja am Wochenende und besuchen ihn.“

Fortsetzung folgt

1. Setze folgende Wörter unten in die Lücken ein!

Schwein / Luftsprung / Zeitung / Auto / Hühner
Hund / Wochenende / Bauernhof / Ohren

Herr Buselmeier, der Hausbesitzer, hat in der Zeitung gelesen, dass die Familie ein Schwein hält. Er will, dass Rudi verschwindet. Die Familie sucht für Rudi ein neues Zuhause auf einem Bauernhof.
Der erste Bauernhof hat nur Hühner.
Der zweite Bauernhof hat Schweine, die in engen Ställen leben. Der Hof vom alten Bauern Voß gefällt ihnen gut. Zuppi macht vor Freude einen Luftsprung, als Bauer Voß sagt, Rudi könne bleiben. Rudi läuft gleich mit dem Hund um die Wette. Dann steigen alle wieder ins Auto und fahren ab. Rudi lässt traurig die Ohren hängen. Die Familie will ihn am Wochenende besuchen.

**2. Tobi schreibt seinem Brieffreund.
Er schreibt mit einer alten, kaputten Schreibmaschine, die keine großen Buchstaben mehr drucken kann.
Schreibe den Text in dein Heft und verbessere ihn! Achte auf die Groß- und Kleinschreibung!**

hallo martin!

im letzten brief habe ich dir schon erzählt,
wie rudi einen einbrecher vertrieben hat.
in der zeitung wurde ganz groß davon berichtet. wir waren echt stolz. leider hat auch unser vermieter davon gelesen. er hat ärger gemacht. rudi sollte sofort verschwinden. wir mussten ein neues zuhause für rudi suchen. jetzt ist er beim alten voß auf einem ganz tollen bauernhof. wir besuchen ihn immer am wochenende. rudi geht es gut. wir sind aber trotzdem traurig, dass rudi nicht mehr da ist.
bis bald!

dein Tobi

3. Streiche die falschen Sätze durch! Schreibe die roten Buchstaben am Ende der richtigen Sätze nacheinander unten auf die Striche! Sie ergeben die Lösung.

Buselmeier hat von Rudi im Radio erfahren. [G]
Buselmeier hat von Rudi in der Zeitung gelesen. [T]
Buselmeier will, dass Rudi verschwindet. [sch]
Buselmeier findet Schweine als Haustiere gut. [ch]
Die Familie will Rudi an einen Bauern verkaufen. [ä]
Die Familie sucht eine neue Unterkunft für Rudi. [ü]
Sie geben Rudi zu einem Bauern, der nur Hühner hat. [z]
Sie geben Rudi zu Bauer Voß. [ss]
Bauer Voß stellt fest, dass Rudi ein faules Schwein ist. [L]
Bauer Voß stellt fest, dass Rudi ein guter Läufer ist. [R]
Rudi ist unglücklich bei Bauer Voß. [o]
Rudi fühlt sich wohl bei Bauer Voß. [u]
Als die Familie wegfährt, sieht Rudi traurig aus. [d]
Als die Familie wegfährt, ist Rudi froh. [t]
Die Familie will Rudi am Wochenende besuchen. [i]
Die Familie will Rudi nie wiedersehen. [e]

Lösung: ___ ___ ___ ___   ___ ___ ___ ___!!

Kapitel 5

Wir besuchten Rudi fast jedes Wochenende. Es ging ihm wirklich gut. Auf dem Hof von Bauer Voß konnte er überall herumtoben. Er lief immer draußen herum oder spielte ausgelassen mit den anderen Tieren.

5

Trotzdem vergaß er uns nicht. Wenn wir kamen, wartete er immer schon am Hoftor. Seine Ohren zeigten uns, wie er sich freute.

Aber dann kam unser Sommerurlaub. Wir fuhren nach Italien. Rudi konnten wir leider nicht mitnehmen. Es war ein sehr schöner Urlaub. Trotzdem haben wir Rudi ziemlich vermisst.

Schon einen Tag nach der Heimreise fuhren wir wieder zu Rudi. Aber was für ein Schreck! Der Hof von Bauer Voß lag da wie tot: keine Hühner, kein Hund und kein Rudi! Die Fenster des Hauses waren vernagelt.

Ein Nachbar kam zufällig vorbei. Er sagte uns, dass Bauer Voß ganz plötzlich an einem Herzschlag gestorben sei. Das sei vor drei Wochen gewesen und alle Tiere seien verkauft worden.

„Wer hat die Tiere gekauft?“, fragte ich sofort.

„Ein paar Kühe sind im Dorf geblieben. Die anderen Tiere sind zum Schlachthof gekommen.“

Uns war vor Schreck ganz übel. Zuppi fing gleich an zu weinen.

„Auch unser Schwein?“, fragte Mama mit ängstlichem Gesicht.

„Nee, das ist in einen Mastbetrieb gekommen, war ja so mager.“

Welcher Mastbetrieb es war, wusste der Nachbar nicht. Aber es gab nur drei Mastbetriebe in der

Nähe. Wir machten uns gleich am nächsten Morgen auf die Suche.

Der erste Betrieb sah aus wie eine Fabrikhalle. Es war dort viel sauberer als bei Bauer Voß, aber dafür sahen die Tiere sehr traurig aus. Sie standen ganz dicht beisammen. In ihren engen Boxen konnten sie nur fressen oder schlafen. Aber sie sollten auch nur möglichst schnell fett werden.

Der Besitzer war noch ziemlich jung. Er hatte vor kurzem Schweine gekauft. Aber er wusste nicht, ob sie von Bauer Voß waren. Wir gingen langsam durch die Reihen. Der Besitzer sagte: „Ihr werdet euer Schwein kaum wiedererkennen. Nach drei Wochen hat das schon ganz schön aufgespeckt."

In der Tat sahen alle Schweine gleich aus. Alle waren fett, matt und unglücklich. In den zwei anderen Mastbetrieben sah es genauso aus. Aber plötzlich hörten wir hinter uns ein aufgeregtes Quieken. Ein Schwein steckte seinen Rüssel durch die Gitterstäbe.

Tatsächlich, es war Rudi. *Er* hatte *uns* gefunden, nicht wir ihn. Er war schon sehr dick und unförmig geworden.

„Das ist Rudi, mein Schwein!", rief Zuppi.

Aber der Schweinemäster glaubte uns nicht. „Da könnte ja jeder kommen. Wie soll man die denn auseinander halten?"

„Wir erkennen unser Schwein sofort. Und Rudi erkennt uns ja auch, wie Sie sehen“, antwortete Papa.

Rudi presste seinen Kopf an die Gitterstäbe. Er quiekte ganz leise, fast bettelnd.

„Auf jeden Fall hab ich das Schwein für teures Geld gekauft und morgen geht es auf den Schlachthof“, stellte der Mäster fest.

„Wir würden Ihnen das Geld natürlich zurückerstatten“, schlug Papa sofort vor.

„Na ja, und die anderen Ausgaben?“, fragte der Schweinemäster. „Das Kraftfutter, die Stallkosten, der Silo und all das?“

„Na gut, auch das. Was soll es denn kosten?“

Der Mann dachte einen Augenblick lang nach. Er wollte wohl möglichst viel für das Tier herausholen. Dann sagte er: „350 Mark[1].“

„So viel!“, rief Papa. „So viel Geld habe ich gar nicht dabei.“

„Dann eben nicht. Entweder Sie bringen mir bis morgen das Geld, oder das Schwein kommt zum Schlachthof!“

Fortsetzung folgt

[1] 350 Mark sind etwa 175 Euro.

1. Sammle von Supermärkten Werbung für Lebensmittel. Welche Anzeigen werben für Produkte mit Schweinefleisch? Schneide die Anzeigen aus und klebe sie auf eine Pappe! Hänge dein Plakat in der Klasse auf! Was isst du von diesen Lebensmitteln gerne? Schreibe auf!

2. Kreise unten die Wörter ein, die ausdrücken, wie die Schweine in dem Mastbetrieb aussehen!

fröhlich matt dick

müde lustig

unförmig fett

mager

glücklich munter lebendig

traurig unglücklich

3. Lies diesen Text!

Sehr viele Menschen essen gerne Schweinefleisch. Das Fleisch wollen sie preisgünstig einkaufen. Die Bauern versuchen deshalb, möglichst billig viel Fleisch zu liefern.
In Mastbetrieben werden die Schweine so gefüttert, dass sie schnell fett werden. Man sperrt viele Schweine in kleine Ställe, damit so viel Fleisch wie möglich günstig produziert werden kann.
Weil wir viel billiges Fleisch kaufen wollen, bestimmen wir selbst, wie die Schweine gehalten werden!

4. Warum sind wir selbst auch dafür verantwortlich, wie die Schweine in Mastbetrieben gehalten werden? Sprecht in der Klasse darüber!

Kapitel 6

Wir fuhren nach Hause. Papa war fürchterlich wütend. Er schimpfte über den unverschämten Schweinemäster und über das viele Geld. Auch über die anderen Autofahrer, die entweder zu schnell oder zu langsam fuhren, ärgerte er sich.

6

Zu Hause überlegten wir zusammen, was wir tun sollten. 350 Mark sind viel Geld. Außerdem war Rudi bereits ziemlich groß und dick geworden. Wo sollten wir ihn in unserer Wohnung unterbringen?
„Aber wir müssen Rudi doch retten!“, sagte Zuppi schließlich.
Auch Papa gab zu, dass ihm Rudi leid tat. Wir einigten uns auf diese Lösung: Wir Kinder wollten 150 Mark[1] von unserem Taschengeld dazugeben. Den Rest legten unsere Eltern aus.
Wir fuhren früh morgens los. Auf dem Hof stand schon der Lastwagen der Schlachterei.
„Halt!“, schrie Zuppi dem Fahrer zu. „Das ist unser Schwein!“
Der Fahrer war völlig verwirrt. Papa lief sofort mit dem Geld zum Schweinemäster. Der erklärte dem Fahrer schließlich, was los war.
„Muss das denn sein?“, fragte er nur.
Der Fahrer ließ die Heckklappe noch einmal herunter. Mama pfiff auf zwei Fingern. Sofort drängte sich Rudi zwischen den anderen Schweinen hinaus. Langsam und schwerfällig stieg er die Klappe hinunter. Jetzt wurde der Lastwagen wieder geschlossen und fuhr zum Schlachthof. Wir bugsierten Rudi mit Mühe in unser Auto. Rudi war sehr schwer geworden. Unser Wagen hing tief auf der Hinterachse.

[1] 150 Mark sind etwa 75 Euro.

Zu Hause warteten wir so lange, bis es dunkel wurde. Niemand sollte von unserem Schwein wissen. Aber Rudi war so dick, dass er nicht mehr allein aus dem Auto herauskam. Zuppi hatte schließlich die Idee: Wir holten Mamas Bügelbrett. Darauf konnte Rudi langsam rückwärts aus dem Auto heraussteigen.

Aber plötzlich ging im Treppenhaus das Licht an. Irgendjemand wollte aus dem Haus gehen. Wir versteckten Rudi schnell hinter einem Busch. Aber Rudi war viel zu groß geworden. Seine Schnauze und der dicke Hintern schauten noch hervor. Also stellten wir uns davor.

Die Haustür ging auf und es erschien Herr Buselmeier. „Was machen Sie denn da?", fragte er entgeistert.

In dem Moment erschien Rudis Schnauze neben den Beinen von Papa. Herr Buselmeier erstarrte. Dann stöhnte er: „Schon wieder ein Schwein? Wollen Sie in meinem Garten eine Schweinezucht eröffnen?" Dann schrie er: „Behalten Sie doch das Schwein! Aber nicht hier! Ich kündige Ihnen! Fristlos!"

Da sagte Papa: „Gut, Herr Wuselmeier, dann ziehen wir eben aus."

Herr Buselmeier tobte mit hochrotem Kopf. Überall im Haus gingen Lichter an. Alle wollten sehen, wer da so schrie. Wir standen ganz still da, neben uns Rudi. Jetzt war alles egal.

„Komm, Rudi!“, rief Papa. „Jetzt gehen wir schön in die Wohnung: duschen, Zähne putzen und dann ins Bett.“

Wir sechs gingen ganz ruhig ins Haus. Herr Buselmeier stand wie versteinert da und wir konnten uns kaum halten vor Lachen.

Fortsetzung folgt

1. **Vater hat schlechte Laune, weil er für Rudi bezahlen soll. Er schimpft auf die Schweinemäster und die anderen Autofahrer. Denke dir möglichst lustige Schimpfwörter für Autofahrer und Schweinemäster aus und schreibe sie in die Sprechblasen!**

2. Zu Hause überlegt die Familie, was sie machen soll: Rudi für 350 DM freikaufen oder nicht? 350 DM sind ungefähr 175 Euro.

a) Lies die Gedanken, die sich die Familie macht!

- 350 DM, also 175 Euro, das ist viel Geld.
- Rudi gehört zur Familie. Wir lassen ihn nicht im Stich.
- Wenn wir Rudi nicht retten, wird er umgebracht.
- Wenn wir Rudi mit nach Hause nehmen, bekommen wir Ärger mit Buselmeier.
- Ohne Rudi ist es traurig und langweilig.
- Rudi ist zu groß. Wir können ihn zu Hause nicht mehr unterbringen.

b) Schreibe die Gedanken in der Tabelle auf die richtige Seite: Ist es ein Grund dafür oder dagegen, Rudi freizukaufen?

PRO Das spricht dafür, Rudi für 350 DM (175 Euro) freizukaufen.	KONTRA Das spricht dagegen, Rudi für 350 DM (175 Euro) freizukaufen.

3. a) Nun ist fast die Hälfte von diesem Buch geschafft. Kannst du dich an alles erinnern? Nummeriere die Sätze in der richtigen Reihenfolge! Schreibe die Zahlen in die Kästchen!

b) Schreibe die Sätze in der richtigen Reihenfolge in dein Heft.

☐ Zuppi gewinnt bei einer Tombola den Hauptpreis: ein Ferkel. Die Familie nimmt es mit nach Hause.

☐ Rudi kommt zum alten Voß auf den Bauernhof. Der stirbt und Rudi wird an einen Mastbetrieb verkauft.

☐ Rudi vertreibt einen Einbrecher und wird zum Helden.

☐ Buselmeier wirft Rudi raus. Die Familie sucht ein neues Zuhause für Rudi.

☐ Die Familie findet den fetten Rudi in einem Mastbetrieb wieder. Sie sollen für ihn 350 DM (175 Euro) bezahlen.

Kapitel 7

Langsam wurde uns aber klar, dass wir jetzt schnell eine neue Wohnung finden mussten. Das war gar nicht mehr lustig! Wir hatten noch eine Woche Sommerferien. Die Eltern suchten die ganze Zeit. Aber wer nimmt schon eine Familie mit drei Kindern und einem Schwein!

7

Einen Vorteil hatte die Kündigung: Wir brauchten Rudi nicht mehr zu verstecken. Wir konnten mit ihm einfach so aus dem Haus gehen. Er begleitete uns sogar in die Stadt. Dafür bekam er ein schönes Halsband. An die Blicke der Leute hatten wir uns schnell gewöhnt.

Am Samstag entdeckte Papa eine Stellenanzeige in der Zeitung: „Platzwart für Sportplatz gesucht. Kostenloses Wohnen in einem Haus am Sportplatz."

Papa wollte sich sofort bewerben. Aber Mama sagte: „Du bist Wissenschaftler, kein Hausmeister. Irgendwann kriegst du doch mal eine Stelle."

Papa hatte sich aber schon entschieden. Als Platzwart könnte er ja nebenbei an seinen Aufsätzen über Ägypten arbeiten. Er rief noch am gleichen Tag beim Sportverein an.

Zuerst waren sie etwas skeptisch, aber sie brauchten dringend einen Platzwart. Daher stimmten sie zu. Nicht einmal das Schwein störte sie.

„Platz gibt es jedenfalls genug", sagten sie. Aber sie wollten einen Nachweis, dass das Schwein für eine „künstlerische Tätigkeit" gebraucht würde. Das sei angeblich vorgeschrieben.

Wir konnten sofort in das Haus einziehen. Der Sportplatz lag mitten in der Stadt. Er war klein und hatte nicht einmal Tribünen. Ringsherum standen größere Mietshäuser.

In einem kleinen Schuppen standen die Geräte, die Papa zur Pflege des Rasens brauchte. Darunter ein kleiner roter Traktor. Damit konnte man die Linien des Spielfeldes ziehen und den Rasen mähen und glätten.

Papa war zufrieden mit seiner Arbeit. Er kümmerte sich um den Rasen und die Umkleidekabinen. Nebenbei schrieb er weiter seine schwierigen Aufsätze. Manchmal dachte er sogar an Ägypten, wenn er auf dem kleinen Traktor saß. Dann wurden die Seitenlinien etwas schief.

Wir hatten den ganzen Sportplatz zum Spielen. Das fanden wir natürlich toll! Nur wenn die Mannschaften trainierten oder ein Spiel hatten, war der Platz besetzt.

Auch Rudi hatte genügend Platz. Neben dem Schuppen hatten wir ihm einen Verschlag gebaut. Er schien sehr glücklich zu sein. Nur die „künstlerische Tätigkeit“ machte uns Probleme. Sollte Rudi womöglich im Zirkus Stelzen laufen?

Zuppi wollte ihm zunächst Eierlaufen beibringen, aber Rudi war viel zu schlau: Er ließ immer das Ei fallen und fraß es auf. Aus Rudi würde wohl nie ein Zirkusschwein!

Fortsetzung folgt

1. Setze die richtigen Wörter in den Lückentext ein!

Kunststücke / Traktor / Linien / Spielfeld
Fußballverein / Sportplatz / Platzwart
Zirkusschwein / Eierlaufen

Vater wird Platzwart bei einem Fußballverein.

Im Haus neben dem Spartplatz kann die Familie wohnen. Vaters Aufgabe ist es, das Spielfeld zu mähen und zu glätten. Außerdem muss er mit einem Traktorr weiße Linien ziehen.

Rudi darf aber nur bleiben, wenn die Familie nachweisen kann, dass er für eine künstlerische Tätigkeit gebraucht wird. Zuppi versucht deshalb, Rudi Kunststücke beizubringen.

Es klappt aber nicht. Aus Rudi wird nie ein Zirkusschwein werden.

2. Die Familie sucht in der Zeitung nach einer neuen Wohnung. Sie muss 4 bis 5 Zimmer, Küche, Diele, Bad und einen kleinen Garten haben. Haustiere müssen erlaubt sein. Die Miete darf höchstens 700 Euro betragen. Suche aus dem Teil für Wohnungsanzeigen aus verschiedenen Tageszeitungen passende Wohnungen heraus! Schneide mindestens vier Anzeigen aus und klebe sie auf eine Pappe!

3. Die Kinder überlegen, welche „künstlerische Tätigkeit" für Rudi in Frage kommt.

a) Schreibe zu jedem Bild unten und auf der nächsten Seite die passende Bezeichnung!

Tänzerschwein / Sängerschwein /
Malerschwein / Springerschwein

b) Male alle Bilder aus!

c) Was für „künstlerische Tätigkeiten“ fallen dir für Rudi ein? Schreibe oder male!

Kapitel 8

Bei jedem Spiel auf dem Sportplatz hatte unsere Mannschaft einige Zuschauer. Mal waren es über 80, dann wieder nur 20. Wir schauten auch meist zu. Rudi wurde dann immer ganz aufgeregt.
„Der will auch zugucken“, behauptete Zuppi und holte Rudi aus dem Verschlag. Rudi kannte inzwi-

schen schon die Spieler unserer Mannschaft. Sofort stürmte er mit ihnen auf das gegnerische Tor zu. Zuppi konnte ihn kaum halten. Das war ein Bild! Die Zuschauer schrien und lachten. Die Stimmung war prima. So bekam unsere Mannschaft den richtigen Schwung und gewann ziemlich hoch. Nach dem Spiel sagte Papa: „Ich hab's, Rudi muss ein Maskottchen werden."

Maskottchen sind Glücksbringer, und Rudi hatte unserer Mannschaft Glück gebracht. Auch die Spieler und der Trainer fanden die Idee gut. Als Maskottchen durfte Rudi natürlich auf dem Sportplatz wohnen bleiben.

Rudi war bei den Spielen und beim Training mit dabei. Manchmal lief er mit den Spielern sogar um die Wette. Aber er war meistens viel schneller als die Mannschaft.

„Das ist wirklich kein normales Schwein", sagte Ewald, der Torhüter. „Das ist in Wahrheit ein Rennschwein!"

Das Training mit Rudi machte den Spielern viel Spaß. Alle wollten Rudi einholen und strengten sich besonders an. Aber auch Rudi wurde immer schneller.

Alles war in bester Ordnung. Einmal berichtete sogar die Zeitung über „Rudi, das Trainingsschwein".

Aber dann kam die Geschichte mit dem Schiedsrichter:

Bei einem Spiel pfiff der Schiedsrichter einen Freistoß gegen unsere Mannschaft. Er setzte den Fuß auf den Ball und gab einem unserer Spieler die gelbe Karte.

Rudi wurde ganz wild. Er riss sich von der Leine los und raste auf den Schiedsrichter zu. Er schnappte sich den Ball und lief aufs Tor zu. Der Schiedsrichter pfiff wie verrückt in seine Pfeife. Aber Rudi hörte nicht.

Der Schiedsrichter regte sich furchtbar auf. Er meinte, dass Rudi verschwinden müsse. Wir schafften es, Rudi zu beruhigen. Wir mussten ihn wieder in seinen Verschlag bringen.

Von da an hatte Rudi etwas gegen Schiedsrichter.

Erst vier Spiele später durfte Rudi wieder zuschauen. Als er den Schiedsrichter sah, wurde er schrecklich unruhig. Aber diesmal nahm er nicht den Ball, sondern gleich die schwarze Hose. Er riss sie mit einem Biss dem Schiedsrichter vom Hintern. Der war natürlich furchtbar sauer.

Er pfiff das Spiel sofort ab. Rudi wurde auf Tollwut untersucht. Aber er war ganz gesund. Er mochte nur keine Schiedsrichter. Damit war seine Zeit als Maskottchen vorbei.

Fortsetzung folgt

1. Maskottchen sind Glücksbringer. Einige siehst du unten. Wie heißen sie? Schreibe die Bezeichnungen auf die Linien! Du musst immer zwei Wortteile aus dem Kasten zusammensetzen.

Klee... / Schornstein... / Glücks... / Marien...
...feger / ...blatt / ...käfer / ...pfennig

Kleeblatt

Schornsteinfeger

Glückspfennig

Marienkäfer

2. Hast du selbst einen Glücksbringer oder ein Maskottchen?
Male es auf ein großes weißes Blatt und zeige es den anderen in deiner Klasse!

3. Die Zuschauer sind von Rudi begeistert. Sie feuern Rudi und seine Mannschaft mit Schlachtrufen an, zum Beispiel „RUDI VOR, NOCH EIN TOR!!“
Denke dir selbst einige Schlachtrufe aus und trage sie unten ein!

Kapitel 9

Auf einmal ging Rudi keiner „künstlerischen Tätigkeit“ mehr nach. Nun mussten wir wieder eine andere Beschäftigung für ihn finden, damit wir ihn trotzdem behalten konnten. Es war eine ziemlich schlechte Stimmung im Haus. Mama hatte außerdem noch Ärger in der Schule, und Papa hatte auch immer noch keine Stelle als Wissenschaftler gefunden.

Am Nachmittag hielten wir einen Familienrat ab. Rudi durfte mit dabei sein. Schließlich ging es ja auch um ihn. Er war der einzig Muntere von uns. Mama meinte, es sei das Beste, wenn Rudi wieder auf einen Bauernhof käme.

Zuppi wollte es aber noch einmal mit Kunststückchen versuchen. Papa sagte: „Das ist kein Artistenschwein. Rudi kann nur eins: laufen.“

„Und wenn wir ihn zum Schweinerennen bringen?“, fragte Betti. Wir hatten einmal einen Bericht darüber im Fernsehen gesehen. „Ein Rennschwein darf doch bestimmt auf dem Sportplatz wohnen.“

„Das fehlte noch! Wir kutschieren Rudi von einem Rennen zum nächsten!“, schimpfte Mama.

Doch Betti lief schon zum Telefon. Sie wollte bei der Zeitung nachfragen, wo das nächste Schweinerennen stattfand. Zum Glück war es in Ottendorf, nur wenige Kilometer entfernt.

Da gab auch Mama nach. Wir wollten es am Wochenende einmal versuchen. Also fuhren wir nach Ottendorf.

Auf dem Parkplatz standen schon viele Autos mit Anhängern. Es war ein richtiges Volksfest. Bratwürste und Getränke wurden verkauft. Viele Leute waren nur zum Zuschauen gekommen. Es gab sogar eine richtige Tribüne.

Die Rennstrecke war etwa 70 Meter lang. Es gab zwei Bahnen. Am Start standen zwei Holzboxen.

„Und jetzt beginnt der Lauf von Susi Taifun gegen Borsti!“, brüllte ein Sprecher ins Mikrofon.

Das Rennen wurde gestartet. Die Klappen an den Boxen flogen auf und beide Schweine schossen heraus. Die Besitzer feuerten sie schreiend an. Susi war eine erfahrene Rennsau. Borsti war dagegen noch ziemlich jung. Sie verlor haushoch.

„Rudi muss einfach laufen“, sagte Zuppi. „Er gewinnt bestimmt.“ Papa war nicht sehr überzeugt. Man musste 50 Mark[1] Startgebühr bezahlen. Außerdem kostete es 10 Mark[2] Eintritt pro Person. Mama und Papa stritten sich sofort, ob wir das Geld ausgeben sollten. Schließlich waren 100 Mark nicht wenig.

„Ihr könnt es uns ja vom Taschengeld abziehen“, schlug Zuppi vor. Da erinnerte sich Papa, dass wir sowieso noch 100 Mark bezahlen mussten. Zuppis Idee war also nicht so gut.

„Schaut mal, der Rudi!“, rief Betti schnell. Rudi saß noch im Auto und drückte seine Nase an der Scheibe platt. Er wollte unbedingt zu den anderen Schweinen. Dieses Bild überzeugte unsere Eltern.

[1] 50 Mark sind etwa 25 Euro.
[2] 10 Mark sind etwa 5 Euro.

Widerstrebend zahlte Papa den Eintritt und die Startgebühr. Wir ließen Rudi aus dem Auto. Er schnüffelte sofort überall herum. Wie aber sollte er begreifen, dass er jetzt mit einem anderen Schwein um die Wette laufen musste?

Wir durften ihn gleich in eine Startbox bringen. Als Anfänger sollte er gegen Borsti laufen. Wir waren sehr aufgeregt, sicher viel aufgeregter als Rudi.

Fortsetzung folgt

1. a) Kreuze die richtigen Antworten an!

Mutter schlägt vor, …
- [ ] Rudi zu verkaufen. [8]
- [x] Rudi auf einen Bauernhof zu geben. [6]

Zuppi meint, man sollte …
- [ ] Rudi das Laufen beibringen. [7]
- [x] Rudi Kunststücke beibringen. [5]

Betti sagt, man könnte …
- [x] Rudi zum Schweinerennen bringen. [4]
- [ ] Rudi zum Schlachthof bringen. [9]

Sie fahren zu einem …
- [ ] Feuerwehrfest. [12]
- [x] Schweinerennen. [3]

Startgeld und Eintritt …
- [x] sind sehr teuer. [2]
- [ ] sind sehr billig. [11]

Rudi startet gegen …
- [ ] Taifun. [10]
- [x] Borsti. [1]

b) Male unten die Felder mit den Zahlen der richtigen Antworten in einer Farbe aus!

**2. Rudi soll möglichst schnell laufen.
Kreise die Verben (Tuwörter) ein, die schnelles Laufen beschreiben!**

lachen

gehen

rennen

spurten

schreiben

rasen

wetten

schleichen

sehen

sprechen

spazieren

wetzen

spucken

sprinten

3. **Es gibt viele Wörter, die man mit der Vorsilbe Renn- zusammensetzen kann, zum Beispiel Rennpferd usw.
Welche Wörter fallen dir noch ein, die man mit Renn- zusammensetzen kann? Es dürfen auch Fantasiewörter wie „Rennschwein“ sein.
Schreibe sie auf!**

Kapitel 10

„Achtung, Achtung! Wir haben eine besondere Überraschung. Wir haben ein Schwein, das zum ersten Mal ein Rennen läuft: Rudi Rüssel, ein absoluter Neuling! Seine Besitzerin heißt Zuppi und geht noch in den Kindergarten“, kündigte der Sprecher des Schweinerennens durch sein Mikrofon an. Die Leute klatschten. Beide Schweine standen in den Boxen. Ich stieg in die Startbox und feuerte Rudi an.

„Renn so schnell du kannst, Rudi“, flüsterte ich ihm ins Ohr.

Das Startsignal kam und die Klappen der Boxen gingen auf. Rudi und Borsti liefen hinaus, aber schon nach ein paar Schritten blieben sie stehen. Sie steckten ihre Schnauzen durch das Gitter, das die beiden Bahnen voneinander trennte. Sie beschnüffelten sich gegenseitig. Statt zu rennen, trotteten sie ganz gemächlich nebeneinander her. Immer wieder blieben sie stehen. Offenbar mochten sie sich.

Das ganze Publikum lachte. Schließlich erreichten sie doch noch die Ziellinie.

„Das sind die beiden letzten Plätze, hart umkämpft! Beide Schweine bekommen einen Trostpreis: einen Liter Bier!“ Der Sprecher lachte lauthals ins Mikrofon.

„Schade um das Geld“, schimpfte Papa.

Dann kam der Ansager angelaufen. „Ihr Schwein muss unbedingt noch einmal laufen. Das ist ein Kassenschlager!“

Papa erwiderte nur: „Das fehlte gerade noch! Wir zahlen für die Unterhaltung der Zuschauer.“

Aber der Ansager sagte, Rudi dürfe natürlich umsonst antreten. Wir waren etwas beleidigt. Niemand schien zu glauben, dass Rudi wirklich schnell laufen konnte. Jetzt erst recht, dachten wir.

Wir überlegten uns eine Taktik: Ich sollte in der Startbox sitzen und Zuppi am Ziel. Papa und Mama wollten ihn neben der Strecke anfeuern. Dann würde Rudi schon verstehen, dass er laufen sollte.

Rudi trat gegen Susi Taifun an. Der Start klappte sehr gut. Rudi rannte schnell los. Aber dann roch er Bratwurstduft und blieb stehen. Susi sauste an ihm vorbei. Ich hielt mir die Augen zu.

Dann schrie Papa laut von der Seite: „Rudi, lauf, da aufs Tor!“

Die lachenden Zuschauer guckten verwirrt. Wahrscheinlich hielten sie Papa für verrückt. Aber Rudi startete sofort durch und raste auf Zuppi zu. Er überholte Susi gerade noch vor der Ziellinie.

Der Beifall war unglaublich. Auch der Ansager war ganz aus dem Häuschen. Wir bekamen 30 Mark[1] für Rudis Sieg. Schließlich kam sogar ein Bauer auf uns zu. Er hieß Hinrichsen und wollte unseren Rudi für 500 Mark[2] kaufen.

„Wir verkaufen Rudi nie!“, sagte Zuppi trotzig.

Dann bot uns Bauer Hinrichsen sogar 1000 Mark.

„Der hat das Zeug, zu gewinnen!“, behauptete er.

Wir waren völlig sprachlos. Bauer Hinrichsen sah sehr nett aus. Bestimmt würde es Rudi bei ihm sehr

[1] 30 Mark sind etwa 15 Euro.
[2] 500 Mark sind etwa 250 Euro.

gut haben. Außerdem war Hinrichsen der Besitzer von Borsti. Die beiden standen schon wieder beieinander und beschnüffelten sich. Offenbar mochten sie sich sehr gerne.
„Na ja“, sagte Mama. „Das müssen wir zum Glück nicht heute entscheiden.“

Fortsetzung folgt

1. Beantworte die Fragen!

1. Wie verläuft das Rennen zwischen Rudi und Borsti?

Am anfang liefen sie aber
dan blieben sie stehen und
hilten ihre Rüssel
zusammen

2. Warum ruft Vater „Rudi, lauf aufs Tor!“, als Rudi stehen bleibt?

Vater ruft das weil,
Rudi gehrne auf das Tor
läuft

2. Was denkt die Familie über das Angebot von Bauer Hinrichsen, Rudi für 1000 DM (500 Euro) zu kaufen? Schreibe in die Denkblasen!

Mama: das müssen wir ja nicht Heute zum Glück nich ensche

Papa:

Zuppi: Wir worden Rudi nie mals verkäufen

Betti:

Tobi:

3. Die Familie sitzt am Abendbrottisch und überlegt, was mit Rudi geschehen soll. Spiele im Rollenspiel! Möglichst alle Familienmitglieder müssen in deiner Gruppe vertreten sein!

Kapitel 11

Wir beschlossen, Rudi nicht zu verkaufen. Dafür fuhren wir mit ihm zu drei anderen Schweinerennen. Jedes Mal lief er sehr gut. Er wurde immer besser. Wir verdienten sogar ein wenig Geld mit Rudi.

Jetzt war Rudi ein echtes Rennschwein und durfte daher natürlich bei uns bleiben.

Das wichtigste Schweinerennen in der Gegend war das Blaue Band von Egestorf. Es war etwa so wichtig wie die deutsche Meisterschaft im Fußball. Bis dahin dauerte es noch drei Monate.

Wir trainierten täglich mit Rudi auf unserem Sportplatz. Rudi freute sich jeden Tag darauf. Schon nach ein paar Wochen war er ungeheuer schnell geworden.

Papa hatte sogar eine Startbox gebaut. Damit wollte er den Start von Rudi trainieren. Rudi verstand sehr bald, dass er sofort loslaufen musste, wenn die Klappe aufging. Wir waren guter Dinge, was das Blaue Band betraf.

Das Wochenende kam, und wir fuhren nach Egestorf. Dort trafen wir auch wieder Bauer Hinrichsen und Borsti. Außer ihnen hatte da natürlich noch niemand von Rudi Rüssel gehört. Aber das änderte sich schon nach dem ersten Lauf: Rudi gewann mit riesigem Abstand vor den anderen Schweinen.

Auch seinen zweiten Lauf gewann Rudi haushoch.

Borsti hatte weniger Glück. Sie verlor schon ihren ersten Lauf. Irgendwie wollte sie nicht richtig rennen. Aber Rudi kam ins Finale.

Dort traf er auf Klabautermann. Das war ein riesiges, dunkles Schwein mit dichten schwarzen

Haaren. So ein Schwein hatten wir noch nie gesehen. Es sah beinahe aus wie ein Wildschwein.

„Meine Güte“, sagte Papa, „dem Vieh möchte ich wirklich nicht im Dunkeln begegnen.“

Klabautermann sah wirklich zum Fürchten aus. Sein Besitzer, ein Herr Nieß, wirkte auch nicht viel freundlicher. Er hatte sehr kurz geschnittene Haare und ein breites Grinsen.

„Gratuliere“, sagte er, „Ihr Schwein ist wirklich sehr flott. Geben Sie ihm auch immer etwas Bier, damit es so schnell ist? Meins ist ganz wild danach.“

„Nein“, antwortete Zuppi, „Rudi frisst allenfalls unsere Likörpralinen.“

„Das ist ein sehr wählerisches Schwein“, sagte Herr Nieß und lachte ziemlich laut. „Na dann mal Hals- und Beinbruch für Ihr Schwein“, sagte er und grinste wieder schief.

„Ein ekelhafter Typ!“, flüsterte Betti, als er gegangen war. Darin waren wir uns alle einig. „Hast du gehört, wie der Hals- und Beinbruch gesagt hat? Dem trau ich alles zu.“

Papa gab uns erst einmal eine Limo aus. Der Start des Finales rückte immer näher. Mama pfiff auf ihren Fingern, aber Rudi kam nicht. Sonst war er immer sofort da.

Wie sollten wir in diesem Gewimmel unser Schwein entdecken? Betti kam auf die richtige

Idee: Borsti würde Rudi bestimmt finden. Wir holten sie und tatsächlich hatte sie ihn bald hinter einem Auto aufgespürt. Rudis Schnauze steckte in einer großen Schüssel Eierlikör. Offenbar schmeckte es ihm ganz ausgezeichnet. Zuppi zog ihm schnell die Schüssel weg, aber Rudi war schon ziemlich besoffen. Er schaute nur ratlos und müde hinter der Schüssel her.

„Das war bestimmt der Nieß, der gemeine Kerl!“, schimpfte Betti. „In diesem Zustand kann Rudi niemals gewinnen!“

Fortsetzung folgt

1. Entwirf ein Werbeplakat für das Schweinerennen „Das Blaue Band von Egestorf"! Folgende Fragen müssen durch dein Plakat beantwortet werden:

- Wie heißt die Veranstaltung?
- Was gibt es zu sehen?
- Wo findet die Veranstaltung statt?
- Wann findet die Veranstaltung statt?
- Wie viel kostet die Veranstaltung?

2. Folgende neun Nomen (Hauptwörter) haben sich unten senkrecht und waagerecht versteckt:

Sportplatz Rüssel Rennschwein Band

Monate Tage Bauer Gegend Wochen

Suche sie und kreise sie ein!

S	P	O	R	T	P	L	A	T	Z
H	U	Z	E	N	D	U	F	A	R
S	B	A	N	D	H	K	R	G	T
K	L	B	N	T	E	V	N	E	U
R	Ü	S	S	E	L	M	B	L	Z
O	N	V	C	L	D	U	A	K	O
G	L	X	H	E	K	F	U	F	T
U	P	U	W	O	C	H	E	N	R
G	E	G	E	N	D	I	R	C	I
R	A	F	I	B	F	G	P	H	N
S	M	O	N	A	T	E	X	O	L

Kapitel 12

Zunächst spritzten wir den betrunkenen Rudi mit kaltem Wasser ab. Dabei wurde er schon etwas munterer. Schließlich holte Papa eine große Tasse mit Kaffee. Er meinte, das müsse eigentlich helfen. Es waren nur noch wenige Minuten bis zum Start. Jetzt sah Rudi schon wieder recht wach aus. Aber

wirklich schnell konnte er immer noch nicht laufen. Ich schob Rudi in die Startbox. Außer ihm waren noch drei andere Schweine am Start. Nebenan hörte ich Herrn Nieß. Er schrie sein Schwein laut an. Offenbar lief Klabautermann dann besonders schnell.

Als er Rudi und mich sah, grinste er und fragte: „Na, alles fit?“

Ich warf ihm nur einen bösen Blick zu. Rudi hatte immer noch keine Lust zu laufen. Vermutlich wollte er lieber in der Box einschlafen.

Der Starter gab das Kommando: „Auf die Plätze!“

Ich kniff Rudi noch ein wenig in seinen Schinken. Rudi grunzte.

„Fertig!“

Lieber Rudi, bitte lauf, dachte ich.

„Los!“

Die Klappe flog auf. Nebenan stürmte Klabautermann los. Rudi aber trabte gemächlich auf die Bahn. Herr Nieß begann laut und gemein zu lachen.

Doch dann passierte das Unglaubliche: Mama war auf die gute Idee gekommen, Borsti hinter die Ziellinie zu setzen. Rudi sah sie und sah auch, wie Klabautermann auf sie zustürmte.

Da vergaß Rudi all seine Müdigkeit. Er wollte auf jeden Fall vor Klabautermann bei Borsti sein. Schon bald hatte er die anderen beiden Schweine überholt. Nur Klabautermann lag noch gut vier Meter vor ihm. Doch Rudi holte immer mehr auf. Seine Ohren flatterten wild. Auch das Publikum feuerte Rudi an. Aber das Ziel war schon sehr nah. Er würde Klabautermann nicht mehr überholen können.

Immerhin war Rudi aber fast auf der Höhe von Klabautermann angekommen. Offenbar hatte der damit nicht gerechnet. Er schaute sich plötzlich um und sah nicht mehr auf die Bahn. Dadurch kam er vom Kurs ab und verfing sich im Netz, das seine Bahn begrenzte. Bei seiner Geschwindigkeit stolperte er sofort. Er verstrickte sich und lag schließlich da wie ein eingewickelter Braten.

Herr Nieß schrie neben mir: „Sabotage!“

Aber er konnte nichts mehr tun. Sogar die anderen Schweine liefen an Klabautermann vorbei. Rudi war inzwischen längst im Ziel bei seiner Borsti. Das Publikum tobte.

Rudi lag da und war völlig erschöpft. Aber er sah sehr glücklich aus.

Es gab eine richtige Siegerehrung. Rudi bekam das Blaue Band von Egestorf und wir eine große Geldprämie. Damit konnten wir noch viel mehr machen, als unsere Schulden bei Papa bezahlen.

Für die Zeitung wurde ein Foto von Rudi gemacht. Wir mussten auch alle auf das Bild. Natürlich sah man uns an, wie glücklich wir waren. Am meisten aber strahlte Zuppi.

Fortsetzung folgt

1. Das Rennen „Das Blaue Band von Egestorf" wird auch im Radio übertragen. Übe, den Text so vorzulesen, dass du dich anhörst wie ein Radiosprecher bei einem Fußballspiel. Nehmt euch beim Lesen gegenseitig auf Kassette auf und hört euch eure Reportagen an!

Nun, meine Damen und Herren, beginnt das Finale beim Schweinerennen um das Blaue Band von Egestorf! Alle Rennschweine sind in den Startboxen. Jetzt geht's los!
Klabautermann liegt ganz vorne! Aber was ist mit Rudi Rüssel? Er wirkt schlapp und müde! Weit, weit liegt er hinten.
Hoppla, was passiert jetzt? Rudi legt wahnsinnig an Tempo zu. Nun ist er schon fast auf gleicher Höhe mit Klabautermann! Oh nein!! Das gibt's doch nicht! Klabautermann guckt sich um und verfängt sich dabei im Netz!
Das Publikum tobt! Was für ein Rennen!! Klabautermann hat keine Chance mehr! Rudi ist der glückliche Sieger. Rudis Besitzerin, ein kleines Mädchen, strahlt voller Stolz. So ein spannendes Rennen haben wir hier schon lange nicht mehr gesehen! Liebe Zuhörer, ich verabschiede mich aus Egestorf. Bis zum nächsten Rennen!

2. Rudi bekommt eine Siegerurkunde.
Überlege zusammen mit deiner Klasse, was auf einer Siegerurkunde stehen muss.
Gestalte eine Siegerurkunde für Rudi!
Male und schreibe!

3. Am Abend beschreibt Betti den aufregenden Tag in ihrem Tagebuch.
Übertrage die Sätze in dein Heft und schreibe weiter!
Denke daran, dass alle Verbformen (Tuwortformen) in der Vergangenheit stehen müssen!

> Liebes Tagebuch!
>
> Heute war vielleicht ein aufregender Tag!
> Unser Rudi wurde Sieger bei einem großen Schweinerennen, dem Blauen Band von Egestorf, aber erst in letzter Sekunde.
> Am Morgen fuhren wir alle dorthin.
> …

Kapitel 13

Rudi war jetzt beinahe richtig berühmt. Niemand bezweifelte, dass er bei uns bleiben durfte. Aber dann kam der Herbst. Die Tage wurden ziemlich grau und kalt. Rudi wollte nicht mehr richtig fressen, sogar Papas leckeres Kartoffelmus rührte er nicht an.

Rudi war krank. Wir holten den Tierarzt. Der untersuchte ihn. Er steckte ihm ein Thermometer in den Po. Dann leuchtete er mit einer Taschenlampe in die Ohren, in die Nase und ins Maul. Rudi hielt ganz still.

Schließlich sagte der Arzt: „Rudi ist gesund, aber er hat Kummer. Schweine sind sehr sensible und gesellige Tiere. Wenn ein junges Schwein so lange allein ist, wird es traurig.“

„Aber wir sind doch da!“, widersprach Zuppi.

„Ihr seid nun mal keine Schweine! Rudi braucht jemanden, der so ist wie er.“

Was sollten wir mit Rudi tun?

„Wir könnten doch Borsti holen. Im Schuppen ist genug Platz für zwei Schweine“, schlug ich vor.

„Wir dürfen doch hier keine Schweinezucht aufmachen“, erwiderte Papa.

Auch Mama sagte: „Nein, Tobi. Rudi gehört auf einen Bauernhof, wo viele Schweine sind.“

„Ihr wollt ihn nur loswerden“, schluchzte Zuppi und rannte in ihr Zimmer.

Nach ein paar Minuten ging Mama hinter ihr her. Es dauerte eine ganze Weile, dann kam Mama zurück und sagte: „Wir können Rudi zu Bauer Hinrichsen bringen. Zuppi ist einverstanden.“

Am nächsten Samstag fuhren wir zusammen zu dem Bauern. Er freute sich, Rudi wiederzusehen.

Wir durften Rudi auf dem Hof lassen. Er wollte nicht einmal Geld dafür nehmen.

Am meisten aber freute sich Rudi. Er lief sofort auf Borsti zu. Die beiden rieben ihre Rüssel aneinander. Dann rannten sie quiekend über den Hof. So fröhlich war Rudi schon lange nicht mehr gewesen.

Wir besuchten die beiden fast jedes Wochenende. Rudi hatte bald schon wieder sein normales Gewicht.

Auch Zuppi war nun froh. Sie beschloss übrigens, Bäuerin zu werden oder Tierärztin. So genau weiß sie das noch nicht. Auf jeden Fall will sie eine richtige Rennschweinezucht aufbauen. Der Anfang ist dabei schon gemacht, denn im Frühling hat Borsti acht Ferkel bekommen. Alle waren springlebendig.

Bauer Hinrichsen sagte: „Man merkt sofort, dass Rudi der Vater ist. Alle acht werden einmal richtige Läufer.“

Als Papa die Ferkel sah, fasste er sich an den Kopf. Er lächelte und sagte: „Da haben wir ja noch einmal Glück gehabt. Wenn wir die Ferkel zu Hause bekommen hätten … Nicht auszudenken.“

Ende

Das große Rudi Rüssel Würfelspiel

1. Bastele mit deiner Klasse ein Spielfeld:

- Kopiert die Spielvorlage von Seite 89 auf DIN A3 und klebt das Papier dann auf ein großes Stück Pappe.
- Malt jedes dritte Feld davon farbig aus!

2. Beschriftet die Aktionskarten: Schreibt die folgenden Fragen, Antworten und Aufgaben auf kleine, linierte Karteikarten!

Zuppi zieht den Hauptgewinn bei einer Tombola. Sie gewinnt ein Ferkel! Stoße einen lauten Jubelschrei aus! Gehe dann zwei Felder vor.

Die Kinder und der Vater bauen für Rudi eine Hütte im Garten. Das dauert lange. Gähne dreimal laut und deutlich! Setze dann einmal aus.

ZIEL
AKTIONS-
KARTEN
START

Rudi pinkelt Mutter aufs Kleid. So ein Ärger!
Stampfe dreimal mit dem Fuß auf!
Setze dann einmal aus.

Was passiert, als die Kinder einmal allein zu Hause sind?
Wenn du richtig geantwortet hast, gehe zwei Felder vor.
Antwort: Ein Einbrecher kommt.

Was ist Mutter von Beruf?
Wenn du richtig geantwortet hast, gehe zwei Felder vor.
Antwort: Lehrerin

Rudi vertreibt den Einbrecher.
Gut gemacht!
Grunze möglichst furchterregend!
Gehe dann zwei Felder vor.

Wie heißt der unfreundliche Vermieter der Familie?
Wenn du richtig geantwortet hast, gehe ein Feld vor.
Antwort: Herr Buselmeier.

Buselmeier entdeckt Rudi und regt sich furchtbar auf.
So ein Ärger!
Schimpfe 15 Sekunden lang!
Gehe dann zwei Felder zurück.

Wie heißt der Bauer, bei dem Rudi zuerst in Pflege gegeben wurde?
Wenn du richtig geantwortet hast, gehe ein Feld vor.
Antwort: Bauer Voß

Endlich Ferien! Die Familie fährt in den Urlaub nach Italien.
Leider ohne Rudi! Schade!
Nenne fünf Dinge, die typisch für Italien sind!
Setze dann einmal aus.

Als die Familie aus ihrem Urlaub zurückkommt, ist Bauer Voß gestorben, und Rudi ist weg. Gehe zu drei Mitgliedern deiner Klasse und frage sie: „Wo ist bloß mein lieber Rudi Rüssel?“
Gehe dann ein Feld zurück.

Rudi ist in Gefahr!
Er wurde an einen Mastbetrieb verkauft.
Die Familie sucht ihn.
Laufe dreimal um den Tisch!
Gehe dann zwei Felder zurück.

Die Familie hat Rudi in einem Mastbetrieb gefunden.
Ein Glück!
Versuche, deinen linken Nachbarn in 30 Sekunden zum Lachen zu bringen!
Gehe dann zwei Felder vor.

Woran erkennt Zuppi ihren Rudi zwischen den anderen Schweinen im Mastbetrieb?
Wenn du richtig geantwortet hast, gehe ein Feld vor.
Antwort: am Quieken.

Buselmeier kündigt der Familie die Wohnung.
Erzähle deinen Mitspielern von deiner Traumwohnung!
Setze dann einmal aus.

Endlich findet die Familie eine neue Wohnung.
Wohin ziehen sie?
Wenn du richtig geantwortet hast, gehe zwei Felder vor.
Antwort: Sie ziehen in ein Haus am Sportplatz.

Rudi soll Kunststücke lernen.
Das klappt aber nicht.
Balanciere eine Minute auf einem Bein!
Setze dann einmal aus.

Rudi wird Maskottchen beim Fußballverein.
Erzähle den anderen von deinem Lieblingsverein oder Lieblingssportler!
Gehe dann drei Felder vor.

Rudi bringt seiner Mannschaft viel Glück!
Springe dreimal hoch in die Luft!
Gehe dann zwei Felder vor.

Rudi reißt dem Schiedsrichter die Hose herunter.
Seine Zeit als Maskottchen ist zu Ende.
Mache ein ganz trauriges Gesicht und seufze:
„Schade, schade, schade!“
Gehe dann ein Feld zurück.

Die Familie fährt mit Rudi zu einem Schweinerennen.
Rudi gewinnt.
Renne wie Rudi Rüssel durch den Klassenraum!
Gehe dann zwei Felder vor.

Hättest du Rudi für 1000 DM an den Bauern verkauft?
Erzähle es den anderen!
Begründe deine Meinung!
Gehe dann drei Felder vor.

Bauer Nieß macht Rudi vor dem entscheidenden Rennen betrunken.
Wie gemein!
Nenne drei Schimpfwörter!
Gehe dann ein Feld zurück.

Super! Rudi gewinnt das Blaue Band von Egestorf.
Stelle dich auf einen Stuhl und rufe:
„Ich bin der Gewinner!“ Oder:
„Ich bin die Gewinnerin!“
Gehe dann drei Felder vor.

Wie wird die Geschichte von Rudi weitergehen?
Was glaubst du?
Erzähle es den anderen!
Gehe dann drei Felder vor.

3. Denke dir selbst Fragen aus!
Schreibe sie auch auf Karteikarten!

4. Spielt nun das Spiel!
Spielt in Gruppen zu höchstens sechs Kindern.
Mischt die Karteikarten und legt sie verdeckt auf das Spielfeld!
Besorgt euch einen Würfel und für jeden Mitspieler eine Spielfigur.

Spielregeln:

- Wer die höchste Zahl würfelt, beginnt.
- Es wird der Reihe nach gewürfelt.
  Bei einer 6 darfst du nicht noch einmal würfeln.
- Wenn du auf ein farbiges Feld kommst, zieht dein rechter Nachbar eine Aktionskarte und liest sie vor. Er kontrolliert auch die Antwort.
- Wer gewürfelt hat, erfüllt die Aufgabe oder antwortet auf die Frage.
- Danach werden die Karten wieder unter den Stapel gelegt.
- Es dürfen mehrere Spieler auf einem Feld stehen. „Rausschmeißen“ gibt es nicht.
- Gewonnen hat, wer zuerst auf das Zielfeld kommt. Um ins Ziel zu kommen, musst du die genau passende Augenzahl würfeln.

Originalausgabe:
Uwe Timm: Rennschwein Rudi Rüssel.

Redaktion: lüra-Klemt&Mues GbR
Technische Umsetzung: Manuela Mantey-Frempong

www.cornelsen.de

2. Auflage, 2. Druck 2008 / 06

Alle Drucke dieser Auflage sind inhaltlich unverändert
und können im Unterricht nebeneinander verwendet werden.

Druck: CS-Druck CornelsenStürtz, Berlin

ISBN 978-3-464-60163-1

Inhalt gedruckt auf säurefreiem Papier aus nachhaltiger Forstwirtschaft.